Padre Agnaldo José

NOVENA E TERÇO A
São Rafael

Dados Internacionais de Catalogação na Publicação (CIP)
Angélica Ilacqua CRB-8/7057

José, Agnaldo
Novena e terço a São Rafael / Agnaldo José. – São Paulo : Paulinas, 2021.
48 p. (Santos Anjos)
ISBN 978-65-5808-092-3

1. Igreja Católica – Orações e devoções 2. Rafael (Arcanjo) – Orações e devoções 3. Santos cristãos I. Título II. Série

21-3046   CDD 242.72

Índice para catálogo sistemático:
1. Igreja Católica – Orações e devoções   242.72

1ª edição – 2021
1ª reimpressão – 2023

Direção-geral: *Flávia Reginatto*
Editora responsável: *Marina Mendonça*
Copidesque: *Mônica Elaine G. S. da Costa*
Coordenação de revisão: *Marina Mendonça*
Revisão: *Ana Cecilia Mari*
Gerente de produção: *Felício Calegaro Neto*
Capa e diagramação: *Tiago Filu*

Nenhuma parte desta obra poderá ser reproduzida ou transmitida por qualquer forma e/ou quaisquer meios (eletrônico ou mecânico, incluindo fotocópia e gravação) ou arquivada em qualquer sistema ou banco de dados sem permissão escrita da Editora. Direitos reservados.

Cadastre-se e receba nossas informações
www.paulinas.com.br
Telemarketing e SAC: 0800-7010081

Paulinas
Rua Dona Inácia Uchoa, 62
04110-020 – São Paulo – SP (Brasil)
📞 (11) 2125-3500
✉ editora@paulinas.com.br
© Pia Sociedade Filhas de São Paulo – São Paulo, 2021

Arcanjo São Rafael é o médico de Deus. Que esta novena a São Rafael ajude você a experimentar a presença viva de Jesus ao seu lado, de modo especial, se está enfermo, sem esperança, passando por um momento de grande sofrimento. Esse Arcanjo tão querido também vai levar suas orações ao coração de Deus!

Introdução

Cheguei em casa na hora do almoço, abri o portão da garagem, desliguei o carro e fui direto para a cozinha. "Padre, tem um monte de gente na sala, querendo falar com você. Estão desesperados. Parece ser coisa grave", disse-me a funcionária, que trabalhava na casa paroquial.

Entrei na sala e a cena me assustou: pessoas chorando, um jovem cabisbaixo, sentado no sofá, tristeza e desesperança. "Padre, por favor, ajude a gente!", implorou a mãe do rapaz. "Acabamos de sair do hospital. Tivemos uma notícia terrível: meu filho, esse que está sentado aí, estava sendo acompanhado pelo médico com suspeita de um tumor na cabeça, e o tumor maligno foi confirmado agora mesmo. É do tamanho de uma laranja. O médico o encaminhou para o Hospital do Câncer de Barretos e ele vai ter que passar por uma cirurgia. Estamos com medo de ele morrer, padre..."

As pessoas se abraçaram. As lágrimas tornaram-se mais intensas. Fiquei sem palavras. Fizemos, então, um círculo, coloquei o jovem ajoelhado no meio, ministrei o sacramento da Unção dos Enfermos. Após a oração, segurei o jovem pelas mãos e coloquei-o em pé, proclamando: "Creio no Deus da vida. Ele está segurando você no colo dele. Vamos rezar ao Arcanjo São Rafael, o Médico de Deus, para permanecer ao seu lado durante a cirurgia".

Alguns dias se passaram. Estava na igreja matriz, atendendo as pessoas. De repente, vi aquele jovem vindo na direção do confessionário, segurando na mão de sua mãe. Meu coração acelerou. O que teria acontecido com ele? Quando se aproximaram, abraçaram-me com muito carinho. Abriram um sorriso largo. "Padre, muito obrigada! Aconteceu um grande milagre, graças às nossas orações naquele dia. Os médicos abriram a cabeça do meu filho e o tumor estava murcho e seco. Não foi preciso fazer nenhum procedimento. Os médicos ficaram assustados." Olhei bem nos olhos do rapaz: "Filho, agradeça a Deus. São Rafael levou suas orações ao mais alto dos céus. Jamais deixe de pedir ajuda a esse grande amigo que Deus enviou para cuidar de você".

Que esta novena a São Rafael ajude você a experimentar a presença viva de Jesus ao seu lado, de modo especial, se está enfermo, sem esperança, passando por um momento de grande sofrimento. Como acompanhou Tobias em sua viagem, libertou Sara do demônio e curou a cegueira de Tobit, esse Arcanjo tão querido também vai levar suas orações ao coração de Deus!

1º Dia

São Rafael, anjo da saúde

Em nome do Pai, e do Filho, e do Espírito Santo. Amém.

Intenção para a novena

São Rafael Arcanjo, este é o primeiro dia da novena em vossa honra. Vós sois o Arcanjo que trazeis a cura e a libertação para todos os vossos devotos. Pedimos, neste momento *(dizer a intenção)*. São Rafael, temos fé e sabemos que vós intercedereis por nós junto à Santíssima Trindade.

Ladainha

Senhor, tende piedade de nós.
Cristo, tende piedade de nós.
Senhor, tende piedade de nós.
Jesus Cristo, ouvi-nos.
Jesus Cristo, atendei-nos.

Deus, Pai Celestial, Criador dos Espíritos Celestes, tende piedade de nós.

Filho, Redentor do mundo, a quem os anjos desejam sempre contemplar, tende piedade de nós.
Deus Espírito Santo, felicidade dos espíritos bem-aventurados, tende piedade de nós.
Santíssima Trindade, que sois um só Deus, glória dos santos anjos, tende piedade de nós.

São Rafael, anjo da saúde, rogai por nós.
São Rafael, um dos sete espíritos que estão sempre diante do trono de Deus, rogai por nós.
São Rafael, que afastais para longe de nós os espíritos malignos, rogai por nós.
São Rafael, fiel condutor de Tobias, rogai por nós.
São Rafael, que levais nossas preces ao trono de Deus, rogai por nós.
São Rafael, que curastes a cegueira de Tobit, pai de Tobias, rogai por nós.
São Rafael, auxílio nas tribulações, rogai por nós.
São Rafael, consolo nas necessidades, rogai por nós.
São Rafael, que tornais felizes os vossos devotos, rogai por nós.

Jesus Cristo, felicidade dos anjos, perdoai-nos.
Jesus Cristo, glória dos espíritos celestes, ouvi-nos.
Jesus Cristo, esplendor dos exércitos celestiais, tende piedade de nós.

Cordeiro de Deus que tirais o pecado do mudo,
perdoai-nos, Senhor.
Cordeiro de Deus que tirais o pecado do mundo,
atendei-nos, Senhor.
Cordeiro de Deus que tirais o pecado do mundo,
tende piedade de nós.

Rogai por nós, ó glorioso São Rafael,
Arcanjo da cura e da libertação!
Ficai sempre conosco,
para que sejamos dignos de suas promessas. Amém.

Oração

São Rafael Arcanjo, derramai vossos raios curativos sobre nós, dando-nos saúde e cura. Guardai nosso corpo e nossa mente, livrando-nos de todas as doenças. Expandi vossa beleza curativa em nosso lar e em nossos familiares, no trabalho que executamos, nas pessoas com quem convivemos diariamente. Transformai nossa alma e nosso ser, para que possamos sempre refletir a luz de Cristo. Amém.

São Rafael, consolo nas nossas necessidades, transformai nossa alma e nosso ser para que possamos resplandecer a luz de Cristo (repetir três vezes).

2º Dia

Deus nos fez quase iguais aos anjos

Em nome do Pai, e do Filho, e do Espírito Santo. Amém.

Salmo 8

Ó Senhor, nosso Deus, como é grande vosso nome por todo o universo!

Contemplando estes céus que plasmastes
e formastes com dedos de artista;
vendo a lua e as estrelas brilhantes,
perguntamos: "Senhor, quem é o homem,
para dele assim vos lembrardes
e o tratastes com tanto carinho?".

Pouco abaixo de Deus o fizestes,
coroando-o de glória e esplendor;
vós lhe destes poder sobre tudo,
vossas obras aos pés lhe pusestes:

as ovelhas, os bois, os rebanhos,
todo o gado e as feras da mata;
passarinhos e peixes dos mares,
todo ser que se move nas águas.

Meditação

"A serpente era o mais astuto de todos os animais dos campos que o Senhor Deus tinha feito. Ela disse à mulher: 'É verdade que Deus vos disse: Não comereis de nenhuma das árvores do jardim?'. E a mulher respondeu à serpente: 'Do fruto das árvores do jardim, nós podemos comer. Mas, do fruto da árvore que está no meio do jardim, Deus nos disse: 'Não comais dele, nem sequer o toqueis, do contrário, morrereis'. A serpente disse à mulher: 'Não, vós não morrereis. Mas Deus sabe que no dia em que dele comerdes, vossos olhos se abrirão e vós sereis como Deus, conhecendo o bem e o mal'" (Gn 3,1-5).

Deus é o autor de nossa vida. Ele nos criou, porque nos ama com um amor infinito. Fez-nos menores, um pouquinho, que os anjos, mas nos elevou à dignidade de filhos, por meio de Jesus Cristo. Todavia, o diabo, a serpente, semeia a soberba em nosso coração, para querermos ser como deuses. Isso já aconteceu com nossos primeiros pais no Paraíso. Depois de comerem do fruto, eles sentiram o gosto amargo do pecado. Quando abandonamos o Senhor e decidimos fazer nossa própria vontade, o orgulho, a autossuficiência nos dominam e passamos a pensar que podemos viver sem Deus. A consequência é o vazio e a dor na alma. Peçamos a São Rafael que interceda junto a Jesus pela cura e pela libertação de todos os males provocados pela soberba em nossa vida.

Oração

São Rafael, anjo da saúde, renunciamos, neste momento, ao pecado da soberba. Somos filhos preciosos aos olhos de Deus. Intercedei por nós, para que não nos afastemos mais do Senhor. Que Jesus esteja sempre ao nosso lado, ensinando-nos o caminho da humildade e da pequenez. Quantas feridas estão sangrando agora dentro de nosso coração, em virtude de nosso afastamento de Jesus! Ajudai-nos, São Rafael, a vencer todos os males causados por esse pecado em nossa vida.

São Rafael, curai e libertai nosso coração do pecado da soberba. Que vivamos como verdadeiros filhos de Deus (repetir três vezes).

3º Dia

Buscar primeiro o Reino de Deus

Em nome do Pai, e do Filho, e do Espírito Santo. Amém.

Salmo 89

Vós fostes, ó Senhor, um refúgio para nós.

Vós fazeis voltar ao pó todo mortal,
quando dizeis: "Voltai ao pó, filhos de Adão!",
pois mil anos para vós são como ontem,
qual vigília de uma noite que passou.

Eles passam como o sono da manhã,
são iguais à erva verde pelos campos:
de manhã ela floresce vicejante,
mas à tarde é cortada e logo seca.

Ensinai-nos a contar os nossos dias,
e dai ao nosso coração sabedoria.
Senhor, voltai-vos! Até quando tardareis?
Tende piedade e compaixão de vossos servos!

Saciai-nos de manhã com vosso amor,
e exultaremos de alegria todo o dia.
Que a bondade do Senhor e nosso Deus
repouse sobre nós e nos conduza.
Tornai fecundo, ó Senhor, nosso trabalho!

Meditação

"Naquele tempo, Jesus disse: 'Atenção! Tomai cuidado contra todo tipo de ganância, porque, mesmo que alguém tenha muitas coisas, a vida de um homem não consiste na abundância de bens'. E contou-lhes uma parábola: 'A terra de um homem rico deu uma grande colheita. Ele pensava consigo mesmo: 'O que vou fazer? Não tenho onde guardar minha colheita'. Então resolveu: 'Já sei o que fazer! Vou derrubar meus celeiros e construir maiores; neles vou guardar todo o meu trigo, junto com os meus bens. Então, poderei dizer a mim mesmo: Meu caro, tu tens uma boa reserva para muitos anos. Descansa, come, bebe, aproveita!'. Mas Deus lhe disse: 'Louco! Ainda nesta noite, pedirão de volta a tua vida. E para quem ficará o que tu acumulaste?'. Assim acontece com quem ajunta tesouros para si mesmo, mas não é rico diante de Deus'" (Lc 12,13-21).

No livro de Tobias, vemos São Rafael acompanhando os passos de Tobias, ajudando-o em todas as suas necessidades. Acontece o mesmo conosco! Nesta caminhada na terra, Deus envia seus anjos para acompanhar nossos passos. Ele quer que tenhamos os pés na terra, mas os olhos voltados para o céu. Muitas doenças aparecem na vida das pessoas provocadas pela avareza, pelo apego aos bens deste mundo. Que tenhamos um coração generoso, como o de São Rafael, que fez de tudo por Tobias, sem exigir nada em troca.

Oração

São Rafael, queremos renunciar ao pecado da avareza. Queremos buscar, em primeiro lugar, o Reino de Deus e a sua justiça. Cremos que Deus é Providência e não vai deixar faltar nada do que nos é necessário para vivermos. Curai as feridas que o pecado da avareza provocou em nós. Ajudai-nos, São Rafael, a viver desapegados das coisas que não nos trazem a verdadeira felicidade.

São Rafael, ajudai-nos a buscar, em primeiro lugar, o Reino de Deus e a sua justiça. Curai e libertai nosso coração do pecado da avareza (repetir três vezes).

4º Dia

Viver na santidade

Em nome do Pai, e do Filho, e do Espírito Santo. Amém.

Salmo 26

O Senhor é minha luz e salvação.

O Senhor é minha luz e salvação;
de quem eu terei medo?
O Senhor é a proteção da minha vida;
perante quem eu tremerei?

Ao Senhor eu peço apenas uma coisa,
e é só isso que eu desejo:
habitar no santuário do Senhor
por toda a minha vida;
saborear a suavidade do Senhor
e contemplá-lo no seu templo.

Ó Senhor, ouvi a voz do meu apelo,
atendei por compaixão!

É vossa face que eu procuro.
Não afasteis em vossa ira o vosso servo,
sois vós o meu auxílio!
Sei que a bondade do Senhor eu hei de ver
na terra dos viventes.
Espera no Senhor e tem coragem,
espera no Senhor!

Meditação

Outro pecado que fere a vida interior do ser humano é a luxúria: a busca pelo prazer. São Paulo revela-nos que as obras da carne são contrárias às do Espírito, chamando-nos a viver na graça de Deus: "Irmãos: procedei segundo o Espírito. Assim, não satisfareis aos desejos da carne, pois a carne tem desejos contra o espírito e o espírito tem desejos contra a carne. Há uma oposição entre carne e espírito, de modo que nem sempre fazeis o que gostaríeis de fazer. Se, porém, sois conduzidos pelo Espírito, então não estais sob o jugo da lei. São bem conhecidas as obras da carne: fornicação, libertinagem, devassidão, idolatria, feitiçaria, inimizades, contendas, ciúmes, iras, intrigas, discórdias, facções, invejas, bebedeiras, orgias e coisas semelhantes a essas. Eu vos previno, como, aliás, já vos fiz: os que praticam essas coisas não herdarão o Reino de Deus; porém, o fruto do Espírito é: caridade, alegria, paz, longanimidade, benignidade, bondade, lealdade, mansidão, continência. Contra essas coisas não existe lei. Os que pertencem a Jesus Cristo crucificaram a carne com suas paixões e seus maus desejos. Se vivemos pelo Espírito, procedamos também segundo o Espírito, corretamente" (Gl 5,16-25). Peçamos a São Rafael que nos ajude a nos libertar da escravidão da carne, guiando-nos pelos caminhos do Espírito.

Oração

São Rafael, que afastais para longe de nós os espíritos malignos, quantas vezes deixamo-nos conduzir pelos prazeres do mundo e fechamos as portas de nossa vida ao Espírito Santo! Por isso, a luxúria nos domina, fere nosso corpo, nossa alma e nosso espírito. Neste momento, renunciamos a tudo que nos impede de viver na graça do Senhor. Intercedei por nós, para que a luz de Deus brilhe cada vez mais na estrada de nossa vida.

São Rafael, queremos viver na santidade. Ajudai-nos a vencer as tentações da carne e que sejamos fortalecidos pelos dons do Espírito Santo (repetir três vezes).

5º Dia

Bem-aventurados os mansos

Em nome do Pai, e do Filho, e do Espírito Santo. Amém.

Salmo 102

O Senhor é bondoso e compassivo.

Bendize, ó minha alma, ao Senhor,
e todo o meu ser, seu santo nome!
Bendize, ó minha alma, ao Senhor,
não te esqueças de nenhum de seus favores!

Pois ele te perdoa toda culpa,
e cura toda a tua enfermidade;
da sepultura ele salva a tua vida
e te cerca de carinho e compaixão.

O Senhor é indulgente, é favorável,
é paciente, é bondoso e compassivo.
Não nos trata como exigem nossas faltas,
nem nos pune em proporção às nossas culpas.

Quanto dista o nascente do poente,
tanto afasta para longe nossos crimes.
Como um pai se compadece de seus filhos,
o Senhor tem compaixão dos que o temem.

Meditação

A ira é outro pecado capital que nos lança nas trevas da morte. Guardar rancor no coração é abrir as portas para as doenças. O rancor e o ressentimento, gerados pelas brigas, discussões, ofensas, são como a ferrugem: vão corroendo, diariamente, nossa vida e a vida de Deus em nós. Jesus quer que sejamos mansos: "Bem-aventurados os mansos, porque possuirão a terra" (Mt 5,5). A mansidão é o remédio contra a ira. Neste mundo agitado em que vivemos, as pessoas estão cada vez mais sem paciência. Basta um fato pequeno para perdermos o equilíbrio de nossas emoções. Contudo, depois da ira vem a sensação de vazio, o sentimento de culpa, a angústia e a tristeza. Por isso, Jesus chama os mansos de "felizes", "bem-aventurados". Peçamos a intercessão de São Rafael. Ele nos ajudará a sermos pacientes nas tribulações. Ouçamos o que nos ensina o apóstolo Paulo: "Não pequeis. Que o sol não se ponha sobre o vosso ressentimento. Não vos exponhais ao diabo" (Ef 4,26-27).

Oração

São Rafael, auxílio nas tribulações, renunciamos neste momento ao pecado da ira. Quantas vezes ofendemos as pessoas que estão mais próximas de nós! Reconhecemos esse pecado e vos pedimos que intercedais junto a Deus por nós. Curai-nos da raiva, do rancor e do ressentimento. Queremos ter uma vida nova a partir de hoje. Que a mansidão seja a marca de nosso comportamento. Que Jesus perdoe nossa impaciência.

São Rafael, queremos ser compassivos e misericordiosos com todas as pessoas que convivem conosco. Livrai-nos da ira, do rancor e do ressentimento (repetir três vezes).

6º Dia

Fazer a vontade de Deus com prazer

Em nome do Pai, e do Filho, e do Espírito Santo. Amém.

Salmo 83

Quão amável, ó Senhor, é vossa casa!

Minha alma desfalece de saudades
e anseia pelos átrios do Senhor!
Meu coração e minha carne rejubilam
e exultam de alegria no Deus vivo.

Mesmo o pardal encontra abrigo em vossa casa,
e a andorinha ali prepara o seu ninho,
para nele seus filhotes colocar:
vossos altares, ó Senhor, Deus do universo!
Vossos altares, ó meu Rei e meu Senhor!

Felizes os que habitam vossa casa;
para sempre haverão de vos louvar.

Felizes os que em vós têm sua força,
caminharão com um ardor sempre crescente.

Na verdade, um só dia em vosso templo
vale mais do que milhares fora dele.
Prefiro estar no limiar de vossa casa
a hospedar-me na mansão dos pecadores.

Meditação

Muitas vezes, cometemos pecados por causa da gula. Os alimentos estão diretamente relacionados com nossa saúde. Comer mais do que nos satisfaz é colocar o prazer acima de qualquer motivo, além de prejudicar nossa vida. O evangelista Mateus narra as tentações de Jesus, que foi conduzido ao deserto pelo Espírito para ser posto à prova pelo diabo. O tentador pediu para Jesus transformar pedras em pães, mas Jesus lhe disse que nem só de pão vive o homem, mas da Palavra de Deus. Peçamos a libertação do pecado da gula. Que São Rafael possa nos trazer do céu a virtude da temperança. Precisamos cuidar de nosso corpo, praticar o jejum, ter compaixão das pessoas que estão famintas e não têm nada na vida. Lembremo-nos do que Jesus fez: tomou nas mãos cinco pães e dois peixes, abençoou-os, partiu-os e distribuiu para a multidão. Todos comeram, ficaram satisfeitos e ainda sobraram muitos pães e peixes.

Oração

São Rafael, renunciamos, neste momento, ao pecado da gula. Quantas vezes fomos egoístas, pensamos em nós mesmos, em nossas vontades, comendo e bebendo apenas por prazer, sem nos preocuparmos com as pessoas que sofrem! Curai nosso coração e pedi ao Senhor que nos conceda a virtude da temperança. Queremos, como o salmista, dizer: "Eis que venho fazer, com prazer, a vossa vontade, Senhor!" (Sl 39).

São Rafael, que a partir de hoje sejamos mais solidários com os que sofrem neste mundo. Que nosso prazer seja fazer a vontade do Senhor (repetir três vezes).

7º Dia

Curados do câncer da alma

Em nome do Pai, e do Filho, e do Espírito Santo. Amém.

Salmo 39

Socorrei-me, ó Senhor, vinde logo em meu auxílio!

Esperando, esperei no Senhor,
e, inclinando-se, ouviu meu clamor.

Retirou-me da cova da morte
e de um charco de lodo e de lama.
Colocou os meus pés sobre a rocha,
devolveu a firmeza a meus passos.

Canto novo ele pôs em meus lábios,
um poema de louvor ao Senhor.
Muitos vejam, respeitem, adorem
e esperem em Deus, confiantes.

Eu sou pobre, infeliz, desvalido,
porém, guarda o Senhor minha vida,

e por mim se desdobra em carinho.
Vós me sois salvação e auxílio:
vinde logo, Senhor, não tardeis!

Meditação

A inveja é um pecado que nos leva ao fundo do poço. O invejoso se entristece com a vitória de um amigo ou de seu familiar. Muitas vezes, questionamos a Deus: achamo-nos as mais infelizes das criaturas, sem sorte e sem possibilidades de crescimento. O diabo tenta-nos para que tenhamos inveja e nos desvalorizemos. O livro dos Provérbios diz: "A inveja é o câncer da Alma" (Pr 14,30), um câncer que só pode ser curado pela misericórdia de Jesus. Se temos inveja em nosso coração, não percebemos a mão de Deus guiando nossos passos. Ele nos dá muitas oportunidades para crescermos e vencermos. Se nos entristecemos com as conquistas dos outros, lamentando nossas dificuldades, acabamos perdendo grandes oportunidades. Olhemos o sucesso do próximo com alegria. Somos especiais para Jesus. Ele quer nos dar a vitória. Peçamos para São Rafael trazer do céu a libertação desse pecado e seremos mais felizes.

Oração

São Rafael, protetor de Tobias, pedimos-vos a libertação do pecado da inveja. Queremos ser perdoados se invejamos alguém, se nos entristecemos com a felicidade de nossos amigos, se lhes desejamos mal. Queremos crescer espiritualmente, experimentar a infinita misericórdia de Jesus. Auxiliai-nos a sentir nosso valor. Jesus morreu na cruz por amor a nós. Ajudai-nos, São Rafael, a crer nas promessas de Deus.

São Rafael, queremos superar o pecado da inveja. Concedei-nos a graça de olhar com carinho para nossa vida e a valorizarmos tudo o que recebemos do Pai do Céu (repetir três vezes).

8º Dia

O Senhor está conosco

Em nome do Pai, e do Filho, e do Espírito Santo. Amém.

Salmo 94

Não fecheis o coração; ouvi vosso Deus!

Vinde, exultemos de alegria no Senhor,
aclamemos o Rochedo que nos salva!
Ao seu encontro caminhemos com louvores,
e com cantos de alegria o celebremos.

Vinde, adoremos e prostremo-nos por terra,
e ajoelhemos ante o Deus que nos criou!
Porque ele é nosso Deus, nosso Pastor.
E nós somos seu povo e seu rebanho,
as ovelhas que conduz com sua mão.

Oxalá ouvísseis hoje sua voz:
"Não fecheis os corações como em Mariba,

como em Massa, no deserto, aquele dia,
em que outrora vossos pais me provocaram,
apesar de terem visto as minhas obras".

Meditação

A preguiça é outro pecado que nos escraviza. Quantas vezes ficamos desanimados, deprimidos, sem força ou motivação na caminhada com Jesus. Isso pode ser fruto da preguiça. Deixamos de buscar o Senhor, vamos nos fechando em nossa vida diária, ficamos quietos, achando que tudo está bem. Desse modo, vai enfraquecendo em nós o desejo de fazer a vontade de Deus. O profeta Isaías nos ensina a vencer a preguiça: "Ó vós todos que estais com sede, vinde às águas; vós que não tendes dinheiro, apressai-vos, vinde e comei, vinde comprar sem dinheiro, tomar vinho e leite, sem nenhuma paga. Por que gastar dinheiro com outra coisa que não o pão; desperdiçar o salário, senão com satisfação completa? Ouvi-me com atenção, e alimentai-vos bem, para deleite e revigoramento do vosso corpo. Inclinai vosso ouvido e vinde a mim, ouvi e tereis vida; farei convosco um pacto eterno, manterei fielmente as graças concedidas a Davi. Buscai o Senhor, enquanto pode ser achado; invocai-o, enquanto ele está perto" (Is 55,1-3.6). Jesus está perto de nós com os braços abertos para transformar nossa vida, mas precisamos querer, tomar a iniciativa. Peçamos a São Rafael que nos liberte da preguiça.

Oração

São Rafael, pedimos, neste momento, que cureis e liberteis nossa vida da preguiça. Queremos vencer o comodismo, a depressão, o desânimo, a prostração nas dificuldades. Ajudai-nos a sermos fortes, a termos motivação, alegria de viver e entusiasmo. Renunciamos à preguiça. Desejamos ter sede e fome de Deus. Vinde em nosso socorro, São Rafael, para sentirmos a presença de Jesus ao nosso lado e de nossa família!

São Rafael, queremos ter alegria e paz. Pedimos vossa ajuda para vencermos o pecado da preguiça, que nos afasta da presença viva de Jesus (repetir três vezes).

9º Dia

Obrigado, São Rafael!

Em nome do Pai, e do Filho, e do Espírito Santo. Amém.

Salmo 150

Santo, Santo, Santo Senhor Deus Onipotente!

Louvai o Senhor Deus no santuário,
louvai-o no alto céu de seu poder!
Louvai-o por seus feitos grandiosos,
louvai-o em sua grandeza majestosa!

Louvai-o com o toque da trombeta,
louvai-o com a harpa e com a cítara!
Louvai-o com a dança e o tambor,
louvai-o com as cordas e as flautas!

Louvai-o com os címbalos sonoros,
louvai-o com os címbalos de júbilo!
Louve a Deus tudo o que vive e que respira,
tudo cante os louvores do Senhor!

Meditação

Hoje é o último dia de nossa novena a São Rafael. O Senhor ouviu nossas súplicas. Atendeu a nosso clamor. Ele nos ajudou a combater os pecados da soberba, avareza, luxúria, ira, gula, inveja e preguiça. Curou as feridas que esses pecados provocaram em nosso corpo, em nossa mente e em nossa alma. Agradeçamos agora a Jesus pelos benefícios que nos concedeu durante estes nove dias. Louvemos o Senhor por ter ouvido nossas orações em favor de nossos familiares e amigos. São Bernardo nos ensina a importância do agradecimento: "O louvor dilata o coração".

Oração

Agradeçamos a Jesus por todas as maravilhas que realizou em nossa vida, como fez Tobit, depois de ser curado pelo Arcanjo Rafael: "Vós sois grande, Senhor, para sempre, e vosso Reino se estende pelos séculos. Porque vós castigais e salvais, fazei descer aos abismos da terra, e de lá nos trazeis novamente: de vossa mão nada pode escapar. Vós que sois de Israel, dai-lhe graças e, por entre as nações, celebrai-o. O Senhor dispersou-vos da terra para narrardes sua glória entre os povos, e fazê-los saber, para sempre, que não há outro Deus além dele. Castigou-nos por nossos pecados, e seu amor haverá de salvar-nos. Compreendei o que fez para nós, dai-lhe graças com todo o respeito! Bendizei o Senhor, seus eleitos, fazei festa e, alegres, louvai-o" (cf. Tb 13).

São Rafael, obrigado por terdes levado nossas preces e súplicas a Deus. Podemos dizer com alegria: "Vós sois grande, Senhor, para sempre, e vosso Reino se estende pelos séculos" (repetir três vezes).

Terço a São Rafael Arcanjo

Canto

Manda teus anjos

(Pe. Agnaldo José/Pe. Paulo Sérgio de Souza – *Rosário dos Arcanjos*, Paulinas/COMEP)

Manda teus anjos neste lugar.
Manda teus anjos aqui, Senhor.
Para curar e libertar.
Manda teus anjos, Deus de amor.

São Miguel, o Defensor,
São Gabriel, força do Senhor,
São Rafael, libertador,
Manda teus anjos aqui, Senhor.

OUÇA NO SPOTIFY

OUÇA NO YOUTUBE

Em nome do Pai, e do Filho, e do Espírito Santo. Amém.

Creio

Creio em Deus Pai, todo-poderoso, criador do céu e da terra. E em Jesus Cristo, seu único Filho, nosso Senhor, que foi concebido pelo poder do Espírito Santo; nasceu da Virgem Maria; padeceu sob Pôncio Pilatos, foi crucificado, morto e sepultado. Desceu à mansão dos mortos; ressuscitou ao terceiro dia, subiu aos céus; está sentado à direita de Deus Pai todo-poderoso, donde há de vir a julgar os vivos e os mortos. Creio no Espírito Santo, na Santa Igreja Católica, na comunhão dos Santos, na remissão dos pecados, na ressurreição da carne, na vida eterna. Amém.

Pai-Nosso

Pai nosso que estais nos céus, santificado seja o vosso nome; venha a nós o vosso Reino, seja feita a vossa vontade, assim na terra como no céu. O pão nosso de cada dia nos dai hoje; perdoai-nos as nossas ofensas, assim como nós perdoamos a quem nos tem ofendido; e não nos deixeis cair em tentação, mas livrai-nos do mal. Amém.

Ave-Maria

Ave, Maria, cheia de graça, o Senhor é convosco, bendita sois vós entre as mulheres, e bendito é o fruto do vosso ventre, Jesus. Santa Maria, Mãe de Deus, rogai por nós, pecadores, agora e na hora de nossa morte. Amém *(rezar três vezes).*

Primeiro mistério

Pai nosso...
*São Rafael, médico de Deus,
intercedei pela cura do nosso coração (rezar dez vezes).*
Glória ao Pai...
Nossa Senhora, Rainha dos anjos, rogai por nós!

Segundo mistério

Pai nosso...
*São Rafael, Arcanjo da libertação,
vinde nos livrar da escravidão do pecado (rezar dez vezes).*
Glória ao Pai...
Nossa Senhora, Rainha dos anjos, rogai por nós!

Terceiro mistério

Pai nosso...
*São Rafael, fiel condutor de Tobias,
acompanhai nossos passos na estrada da vida (rezar dez vezes).*
Glória ao Pai...
Nossa Senhora, Rainha dos anjos, rogai por nós!

Quarto mistério

Pai nosso...
*São Rafael, auxílio nas tribulações,
socorrei-nos na dor e no sofrimento (rezar dez vezes).*
Glória ao Pai...
Nossa Senhora, Rainha dos anjos, rogai por nós!

Quinto mistério

Pai nosso...

São Rafael, protetor das famílias, fazei de nosso lar um santuário do amor (rezar dez vezes).

Glória ao Pai...

Nossa Senhora, Rainha dos anjos, rogai por nós.

Salve-Rainha

Salve, Rainha, Mãe de misericórdia, vida, doçura e esperança nossa, salve! A vós bradamos, os degredados filhos de Eva. A vós suspiramos, gemendo e chorando neste vale de lágrimas. Eia, pois, advogada nossa, esses vossos olhos misericordiosos a nós volvei e, depois deste desterro, mostrai-nos Jesus, bendito fruto do vosso ventre, ó clemente, ó piedosa, ó doce sempre Virgem Maria.

Rogai por nós, Santa Mãe de Deus, para que sejamos dignos das promessas de Cristo. Amém.

Oremos

São Rafael Arcanjo, derramai vossos raios curativos sobre nós, dando-nos saúde e cura. Guardai nosso corpo e nossa mente, livrando-nos de todas as doenças. Expandi vossa beleza curativa em nosso lar e em nossos familiares, no trabalho que executamos, nas pessoas com quem convivemos diariamente. Transformai nossa alma e nosso ser, para que possamos, sempre, refletir a luz de Cristo. Amém.

Canto final

Santos anjos do Senhor

(Pe. Agnaldo José/Pe. Paulo Sérgio de Souza – *Rosário dos Arcanjos*, Paulinas/COMEP)

Santos anjos do Senhor, que desceram lá do céu,
Enviados pelo Pai, estão no meio de nós.

Vem nos libertar,
Vem nos defender,
Vem nos consolar,
Vem nos proteger.

OUÇA NO SPOTIFY

OUÇA NO YOUTUBE

Rua Dona Inácia Uchoa, 62
04110-020 – São Paulo – SP (Brasil)
Tel.: (11) 2125-3500
http://www.paulinas.com.br – editora@paulinas.com.br
Telemarketing e SAC: 0800-7010081